Couverture inférieure manquante

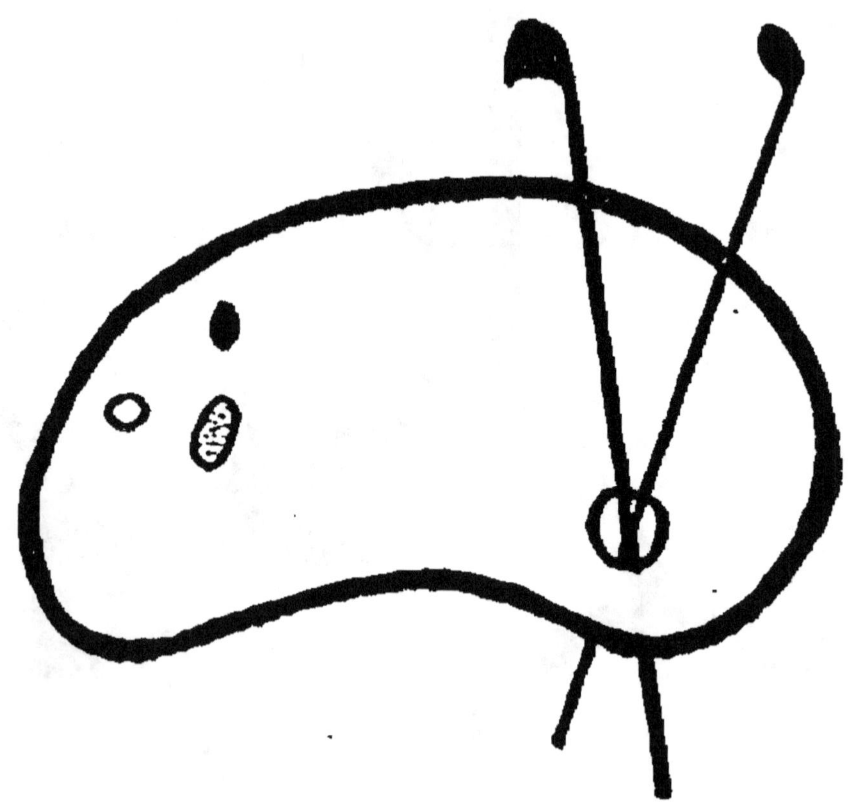

DEBUT D'UNE SERIE DE DOCUMENTS
EN COULEUR

PUBLICATION DE LA SOCIÉTÉ DES ARCHIVES HISTORIQUES
DE LA SAINTONGE ET DE L'AUNIS

CORPORATIONS
MAITRISES OU JURANDES

DE LA SAINTONGE ET DE L'AUNIS

DEUXIÈME SÉRIE DE DOCUMENTS

Publiés par M. L.-C. SAUDAU

BIBLIOTHÉCAIRE-ARCHIVISTE DE SAINT-JEAN D'ANGÉLY

LA ROCHELLE
IMPRIMERIE NOUVELLE NOEL TEXIER
1905

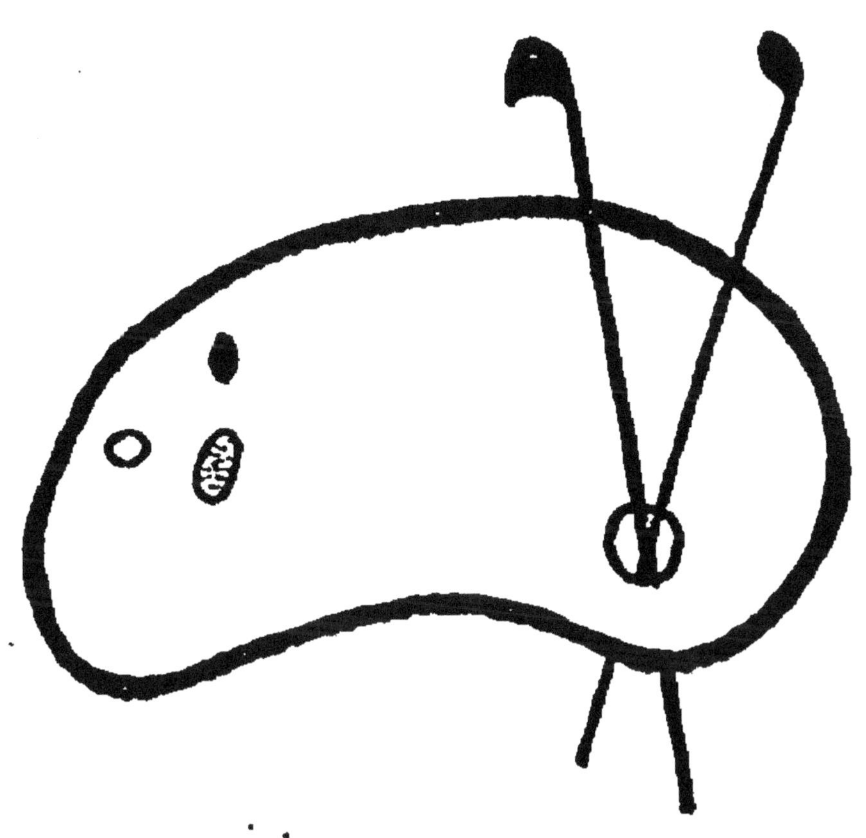

FIN D'UNE SÉRIE DE DOCUMENTS
EN COULEUR

CORPORATIONS, MAITRISES OU JURANDES

DE LA SAINTONGE ET DE L'AUNIS

PUBLICATION DE LA SOCIÉTÉ DES ARCHIVES HISTORIQUES
DE LA SAINTONGE ET DE L'AUNIS

CORPORATIONS
MAITRISES OU JURANDES

DE LA SAINTONGE ET DE L'AUNIS

DEUXIÈME SÉRIE DE DOCUMENTS

Publiés par M. L.-C. SAUDAU

BIBLIOTHÉCAIRE-ARCHIVISTE DE SAINT-JEAN D'ANGÉLY

LA ROCHELLE
IMPRIMERIE NOUVELLE NOEL TEXIER
—
1905

CORPORATIONS, MAITRISES OU JURANDES

DE LA SAINTONGE ET DE L'AUNIS

I

1603, 12 novembre. — Registre de la communauté des procureurs postullans en la Sénéchaussée et siége royal de la ville de Saint-Jean d'Angély, 1603-1790. — *Archives municipales de Saint-Jean d'Angély,* FF. 71.

Sensuict les noms des procureurs du siége royal de Saint-Jehan d'Angély et les substituans d'iceulx en absence lung de l'autre arresté le 12me novembre 1603.

Me René Grelat, Mesnard, substituan ; Me Bourjauld, Cladier, substituan ; Me Hélies Pitard, Martin, substituan : Me Mesnard, Bonnet, substituan ; Me Hélies Bonnet, Mesnard, substituan ; Me Jehan Brochard, Regnier, substituan ; Me Hélies Cladier, Bourjauld, substituan ; Me Jehan Legrand, Cadou, substituan ; Me Louys Pelletier, Marquis, substituan ; Me Benjamin Duyson, Naveau, substituan : Me Philippe Cadou, Legrand, substituan : Me Regnier, Brochard, substituan ; Me Daniel Martin, Pitard, substituan ; Me Daniel Texier, Cadou, substituan ; Me I. Naveau, Duyson, substituan ; Me Jehan Marquis, Legrand, substituan.

Acte de Sindicat

Aujourduy, douziesme de novembre 1603, en l'assem
blée généralle des procureurs du siège royal de la présente
ville Saint-Jehan d'Angély, faicte par messire Hélies
Pitard, sindicq d'iceulx, estant au parquet et auditoire royal
du dict siège où tous les dits procureurs ont assisté pour
traicter et conférer des affaires concernant le faict des dits
offices spéciallement pour faire nomination et créer ung
nouveau sindicq l'an présent pour avoir la charge et administration des affaires et négoces concernant leurs dictes
charges en lieu et place du dit Pitard, auroient par la pluralité des voix esté nommé pour avoir la dicte charge de
sindicq, maistre Jehan Brochard, l'ung des dits procureurs,
et par nous tous soubs signés, estre le dict Brochard accepté
et pourveu de la dicte charge et arrestez que le dict Pitard
luy délivrera et mettra entre mains toutes et chascunes les
pièces qu'il a receues pendant qu'il a exercé le sindicat
pour suivant icelles estre par le dit Brochard pour le bien
et utillitté requise à la conservation des droictz et esmolu-
ments des dits offices et à ceste effect, a presté le serment
à toute l'assemblée de bien et fidellement s'employer à l'exécution de la dite charge es noms de l'assistence en tant et
que besoing sera et nous en requerra, ausquel avons donné
pouvoir et charge de retirer toutes les pièces de procéddure
qui concernent les dits offices de ceulx qui seront trouvez
en avoir aulcunes en mains, et en cas de reffuz actionner les
refuzans et les poursuivre jusques à la redition des dites
pièces, le tout aux despens commungs des dits procureurs
à sa vollonté, consentons et accordons que toutes les affaires
qui se présenteront pour les droictz de la dite communaulté
sont que l'on fera prévenir à aulcuns des nostres en particulier ou en général quelles soyent par ledit sindiq soubz-
tenues, deffendues et conduittes à noz commungs fraictz et
despens sans que aulcun de nous s'en puisse exempter pour

quelque cause que soit, et en cas de reffuz de contribuer ausquels commendes sera arrestez en nos assemblées, pourra le dit sindicq contraindre les reffuzans par toutes voyes dheuz et raisonnables par vertu des présentes et mandement qu'il prendra de Monseigneur le lieutenant général ou particulier de la ditte ville, à quoy nous nous sommes soubzmis et renoncé à toutes choses contraires à ces dittes présentes que nous voullons porter leur effect, à la charge que le dit sindicq ne pourra prester auscun consentement à quelque acte que ce soit sans nos advis précédens qu'ils seront tenus de donner à toutes assemblées qu'il voudra faire à payne de vingt sols qontre chascun de ceulx qui produiront excuses légitimes pour soy empescher s'y trouver, que sy auscun de nous prestoit auscun consentement ou attestation particulière qui auroit esté résolu en notre assemblée, déclarons dés à présent comme désllors et desllors qomme dés à présent quelles seront nulles et de nul effect et valleur. Et laquelle charge le dit Brochard exercera ung an entier à commencer dés ce jourd'huy et finira à mesme datte le dit an révollu et passé qomme nostre premier advis de procedder à nouvelle nomination et le deschargé de la ditte charge, et à l'observation et entretenement de tout ce que dessus nous sommes soubzmis et obligés tous et chacun nos biens présents et futures par ces présentes convencions fait escripte ausdit Brochard et scellés signées de nos sceings manuels les jour et an susdits.

La minute est signée : R. Grelat, Bouziane, H. Pitard, Duyson, Cadou, Resnier, Martin, Manceau, Mesnard, Bonnel, Cladier, Legrand, Pelletier, Texier, Marquis, Brochard, sindicq.

—

Aujourd'huy, quatorziesme de novembre mil six cent vingt-cinq, en l'assemblée des procureurs du siège royal de Saint-Jean d'Angély, faicte par maistre Jehan Marquis, sindicq d'iceulx, aux fins de créer ung autre sindicq au lieu du dit Marquis, suyvant la prière qu'il a faicte à l'assemblée. A esté par tous les dits procureurs faict nomination de la personne de messire Pierre Delavillayne pour faire et exercer la dite charge de sindicq pendant le temps et espace de ung an. Auquel Delavillayne le dict Marquis délivrera toutes les pièces qu'il a entre mains, concernant les affaires des dits procureurs. Fait au parquet royal du siège, les jour et an susdits.

Signé : Legrand, Duyson, Cadou, Anneau, Arcendeau, Marquis, Bonnet, Mesnard, Legrand, Pommier, Guichard, Mesnar, Grelat, Bonnet, Delavillayne, sindicq.

Du 17 juin 1757.

Dans l'assemblée des procureurs du siège royal et séneschaussée de la ville de Saint-Jean d'Angély, convoqués au pallay royal de la ditte ville à l'issue de l'audiance du jour par messire Jacques Sébastien Hillairet, l'aisné, notaire royal, l'un des dits procureurs et sindic de la communauté, pour délibérer sur les affaires quy la concernent, a été raporté, dit et recognu par tous ceux de l'assemblée, qu'il est à présent notoire et public que Joseph Allenet, procureur au dit siège, le saint jour de Pentecoste, vingt-neuf du mois de may dernier, à l'heure de la promenade sur la place du champ des Jacobins, ayant son épouze sous le bras, commit des irrévérences et fit des insultes à un corps d'officiers militaires en garnizon en cette ville, à la teste desquels étoit le seigneur marquis de la Blache, brigadier des armées du roy et collonel du régiment royal dragons de la ditte garnizon, quy luy attirèrent (quoiqu'il s'annonça fort mal à propos homme de robe), du commandement de ce seigneur, une capture ignominieuse par quatre dragons et un emprisonnement de sa personne dans le cachot militaire de la tour de la grosse horloge, où il coucha avec quatre à cinq prisonniers de la garnizon, qu'il fut tiré de ce noir cachot le lendemian et mis seul dans une autre chambre de la ditte tour, où il coucha jusqu'au deux de ce mois qu'il évida ce dit jour cette tour. Et fut contraint de la réintégrer le trois, que le quatre il fut élargy et conduit par des vaslets de ville à l'auberge du Faizan en cette ville, où étoit logé ce seigneur, pour luy demander pardon des insultes, et faire dés remerciemens de son ampliation. Que ce seigneur luy fit une sévère moralle sur ses écarts, en le treittant de fermes durs et humilians, que du depuis ces humiliations le dit Allenet ne s'est point mis à même de se justiffier auprés de Messieurs les officiers et sa communauté, ni vu même personne jusqu'au dix. Qu'il affecta de se montrer un instant au Palay, en robe, pour montrer seullement qu'il n'estoyt plus dans la tour, et s'est encore présenté ce jourd'huy en robe. Pourquoy la compagnie l'ayant mandé par deux confréres pour luy faire quelques admonitions auxquelles il s'engagea de réparer certaines fautes et de les raporter au corps, même de justiffier qu'il avoit été mal à propos et sans sujet emprizonné. A quoy, il n'a nullement tenu compte de satisfaire, mais tout au contraire le jour d'hier, par une suitte d'une pétulence prés chez luy, il se transporta chez le dit sindic où il luy fit des menaces sur ce qu'il ne luy avoit point envoyé de billet, pour assister à la précéddente assemblée. Luy dizant qu'il alloit luy faire un procés, et s'évapora contre luy en injures en pleine rue. Tous ces cas considérés et la malfaçon d'agir du dit Allenet vis-à-vis un corps, et qui tendent de plus en plus à le déshonorer, s'il y restoit plus longtemps un pareil membre, il a été déllibéré qu'à l'avenir le dit Allenet sera et demeurera proscript de la compagnie et communauté des dits procureurs y privé de voye d'honneurs et d'assemblées, se faizans tous les dits procureurs confréres en général, et chacun en particullier, tant pour eux que pour ceux absens, deffenses sous pareille peyne de proscription contre les contrevenans, d'avoir aucun commerce ni fréquentation avec le dit Allenet ou de ne luy

prester leur nom. ny le substituer dans aucunes sortes
d'affaires du pallais, directement ny indirectement, soit au
dit siège ou aux juridictions quy en relèvent, de plaider
devant luy aus dites jurisdictions, sy le cas se rencontroit,
où ils deus faire les fonctions de juge, du moins jusqu'à ce que le dit Allenet se soit mis en certaines reigles pour
se randre agréable à tous ceux du corps.

Signé : Moullain, Durouzeau, Hardis, Robinet, Rocquel,
Barbaud, Hillairet, le jeune, Hillairet, l'aisné, sindic.

Aujourd'hui, dix-sept décembre mil sept cent quatre-
vingt neuf, dans l'assemblée de la communauté des procureurs de la ci-devant sénéchaussée de Saintonge et siège
royal de la ville de Saint-Jean d'Angély, iceux convoqués
par maistre Girou, leur sindic, a été dit que par un décret
de l'assemblée nationale du seize août dernier, qui a voté
la vénalité des offices de judicature, a ordonné en même
temps qu'il sera élu par les justiciables d'autres juges qui
exercent l'espace de six années et que, en exécution de ce
même décret qu'aux assemblées des 25 et 26 octobre sui-
vants, messieurs Dautriche, Mousnier, Normand, Marchand
de Fiefjoyeux père, et Saint-Blancard, furent élus à la pluralité absolue, juges du tribunal de ce district, département
de la Charente-Inférieure, et furent installés le quatorze du
courant, à dix heures du matin, par MM. les maire et officiers municipaux de cette ville, devant lesquels ils prêtèrent
le serment de maintenir de tout leur pouvoir la constitution
du royaume décrétée par l'assemblée nationale et acceptée
par le roy d'être fidelle à la nation, à la loi et au roy, et de
remplir avec exactitude et impartialité les fonctions de leur
office, ce serment fut prêté dans cette salle d'audience à
l'issue de la messe au Saint-Esprit, célébrée dans l'église
des ci-devans Bénédictins, au bruit d'une musique guer-
rière et des tambours des gardes nationales et de ligne qui
assistèrent, à quoi succéda des discours qui fixèrent l'atten-

tion de tous les bons citoyens et ne lessèrent rien à désirer sous la douce espérance et le bonheur que l'on a droit d'atendre du nouvel ordre des choses. Le commissaire du roy. M. Peluchon a peint par son discours combien il étoit dévoué à la chose publique, mintien des droits des citoyens et a fini par prêter le serment ordonné par la loi, et la prochaine audience fut fixée par nos nouveaux juges au vendredi dix-sept du présent, à laquelle le sieur Levallois, l'un de nous et notre doyen y fit un discours adressé à Messieurs du tribunal du district, qui fut par eux adopté de la manière la plus honnette et en témoignèrent toute leur satisfaction à la communauté qui en demanda l'enregistrement sur le présent registre, à quoi a consenti avec plaisir et de suite il a été inscrit. Est au surplus dit que ce fut à cette même audience que Messieurs les juges du tribunal les fix.... eux aux jours de lundi mardi et mercredi de chaque semaine, en abolissant les festes de Palais qui étoient prescrites par les calandriers de l'ancienne cour de parlement de Bordeaux. Laquelle délibération n'est ci-dessus établie que pour laisser à nos successeurs une idée de révolution arrivée de notre tems. Signé : Levallois, doyen.

Messieurs :

Qu'il est glorieux pour nous de venir renouveler entre vos mains le serment que nous avons déjà prononcé et reprononcé à la face des autels, en présence de nos concitoyens ; ah ! quel jour fortuné, quel doux plaisir pour notre âme saisie de respect à la vue de cet auguste aréopage, quelle joie pour nous tous de voir sortir comme du cahos un tribunal digne à tous égards de la confiance publique.

Vous l'aviez déjà méritée cette confiance, Messieurs, par votre fidélité à la loy et par votre zelle toujours ardent à couvrir de son égide la veuve et l'orphelin.

L'âge de fer n'est plus, les temps de calamités se sont enfin changés en jours lumineux et serins, l'aurore la plus vive fait briller à nos yeux son flambeau radieux. Déjà la

bénigne influence de ces rayons ranime nos cœurs engour-
dis dans l'esclavage. Nous voilà mes concitoyens, mes frè-
res, nous voilà au temps heureux d'Henry IV, ce roy toujours occupé du bonheur de son peuple. Louis XVI digne
émule de ce héros, aime le sien, sa félicité occupe son cœur
paternel, celuy de ne rien négliger pour opérer cette œuvre
importante, il vient de détruire à l'ayde des lumières
du Sénat français ce labyrinte, ce dédale de loix
obscures, ce despotisme, ce monstre affreux, adroitement
eschauffé par l'ambition qui nous faisait craindre le joug de
la domination.

O vous qui entendez les faibles accents de ma voye, dis-
sipez toutes vos sollicitudes, la justice continuera de vous
être promptement rendue, tout vous l'assure dans vos juges
nouveaux : la sagacité, la droiture et l'activité, dont ils vous
ont déjà donné de si fréquentes preuves ne doivent laisser
aucun doute dans vos esprits. Que cette vérité dont j'ai été
témoin pendant trente quatre ans, réveille en vous des sen-
timents de respect, honorons tous nos plus zélés défenseurs
dans les augustes personnes des magistrats que nous donne
la régénération de la France, ils auront pour nous des
entrailles de père, ayons pour eux une tendresse vraiment
filiale.

Signé : Levallois, doyen.

En marge de ce dernier feuillet du registre, portant le
numéro 222, au verso, on lit :

Je, Jacques-Elie Levallois, ancien procureur au siège
royal de cette ville de Saint-Jean d'Angély, ay ce jourd'huy,
25 novembre 1810, déposé aux archives de la mairie le présent registre de la communauté des procureurs au dit siège
de Saint-Jean d'Angély, le dit jour 25 novembre 1810.
Signé : Levallois, praticien, adjoint.

II

1679-1801. — **Registre des apotiquaires de la ville de Saint-Jean d'Angély (1679-1801).** — *Archices de Saint-Jean d'Angély, II. II., n° 9.* — *1er*, 23 novembre.

Registre pour la communauté des maistres apotiquaires de la ville de Sainct-Jean d'Angély, contenant vingt-quatre feuillets commençant le vingt-troisiesme novembre mil six sent septante neuf après midy. Tous les maitres apotiquaires soubsignés estant convoqués et assemblés en la maison de Daniel Debord, maistre apotiquaire et doyen des autres maistres, lesquels ont nommé et installé pour scindics et regardes de leur communauté les personnes de Jean Rocher et Jean Cardailhac pour exercer la charge des dits regardes pendant un an, donnant pouvoir de faire garder et observer les statuts et privilèges accordés par Sa Majesté aus dits maitres apotiquaires promettant d'avoir pour agréable tout ce qu'ils fairont en la ditte qualité. En foy de quoy ils ont signés ces présentes et consenty que le dit Cardailhac demeurera chargé du présent registre.

Ainsi signé : Debord, Rochier, Rochard, C. Prunier, Brun, Cardailhac.

Et advenant le dit jour, les dits Rocher et Cardailhac ont recognu leur avoir esté mis entre mains par Daniel Debord et André Brochard, maitres apotiquaires et cy-devant regardes des autres maistres les statuts et privilèges de la ditte communauté avec les confirmations et enregistrement d'iceux, contenant le nombre des pièces de parchemin attachés ensemble, avec la somme de trante livres dont ils s'en sont chargés et promettent en tenir conte à la fin de leur gestion, les dits Debord et Brochard en demeurent deschargés sans préjudice d'autres sommes qu'ils ont reçues des maitres apotiquaires. Signé : Rochier, Cardailhac, regarde et garde du registre.

A la suite se trouve l'inventaire des titres remis, dont mention seulement est faite ici de ceux qui offrent de l'intérêt :

N° 4. Déclaration du roy du 6 novembre au dit an (1604), portant que les statuts et privilèges des maitres apotiquaires de la ville de Paris seront gardés et observés en la ville et ressort, de Saint-Jean d'Angély. Signé : Addée.

N° 5. Ordonnance de M. le lieutenant du siège royal de la dite ville portant que les dits statuts demeureront registrés au greffe et seront gardés et observés en la dite ville et ressort, dattée du 29 novembre au dit an. Signé : Poictevin, greffier.

Advenant le 4er décembre 1679, après midy, sur la requeste signifiée à Jean Rocher, maitre apotiquaire et maitre regarde, tant pour luy que pour Jean Cardailhac, aussi regarde, par Jean Texandier aspirant à la maitrise de l'art de pharmatie, le deuxième du présen mois, par Bidet, archier huissier et conterollé le mesme iour, Boiceau, luy ayant esté donné iour et heure a auiourd'huy, heure de midy, laquelle estant expirée et le dit Rocher ne s'estant pas trouvé chez luy pour procéder à l'examen sommaire du dit Texandier, le dit Cardailhac, son coscindie et regarde ne voulant tenir en longueur le dit aspirant conformément à leurs statuts, se seroit retiré en sa maison ou ayant appellé Samuel Brun, maitre apotiquaire, pour l'absence du dit Rochier, ils auroient proceddé ensemble à l'examen sommaire du dit aspirant, et l'ayant suffisamment interrogé, auraient jugé à propos de le présenter à tous les maitres pour être par eux tous examiné suivant les statuts et pour ce faire pris iour à ieudy septiesme du présent mois à midy, en la maison du dit Rochier et luy avons donné des billets signés de nous pour porter à chacun des maitres et les prier de se trouver au dit iour, lieu et heure, en foy de quoy nous avons signé le présent acte, dont il luy sera délivré copie. Signé : Brun, Cardailhac, regarde et regarde registre.

Et advenant le 7me décembre au dit an, les dits maitres apotiquaires de la ville assemblés en la maison du dit Rochier, cités et convoqués par les billets du dit Cardailhac, regarde, et Brun pour l'absence du dit Rochier, en datte du 4e du présent mois a aujourd'huy, heure de midy, laquelle est expirée, à laquelle tous ont assisté à la réserve du dit Brun, qui n'en a donné aucune excuse, ont unanimement arresté qu'à l'advenir, ils n'auront d'autre greffier pour les affaires de leur communauté qu'un des maitres regardes, ainsi qu'ils ont commencé dès le 25e novembre dernier, lequel sera chargé du présent registre pour le remettre à la fin de sa gestion, pendant laquelle il enregistrera en iceluy toutes les délibérations du corps, lesquelles seront signées de tous les maitres présents, en délivrera les grosses si besoing est, lesquelles de luy signées y mentionnant les signatures des présens es dites délibérations auront contre chacun d'iceux, et contre tous ensemble, la même force et vertu que si elles étaient signées d'un chacun, et afin qu'un chacun se puisse trouver au lieu et heure ou l'assemblée sera convoquée, seront tenus les dits regardes de les notifier à chacun d'eux par billets dattés et signés des dits regardes, laissant un jour franc entre les datte du billet et le jour de l'assemblée pendant lequel seront tenus les dits maitres d'avertir un des regardes ou les faire advertir par billets ou quelqu'un de leur famille du sujet ou motif du deffaut, qu'ils seront contraints de faire à la dite assemblée, que s'ils n'en apportent aucun motif ou que celuy qu'ils allégueront ne soit trouvé légitime par les maitres à la pluralité des voix, ils paieront dix sols d'amende, applicable pour la boete de la dite communauté, et s'ils estoient accoustumés de faire souvent tels deffaults sans sujets légitimes, ils demeureront descheus d'assister aux dites assemblées et pour les cognoistre au commencement de chaque acte sera fait mention des absents, s'ils n'ont fourny d'excuses ou si celle qu'ils auront alléguée aura été reçue par les maîtres afin qu'il y soit plus amplement pourveu si besoing est aus dites assemblées, un des regardes exposera le fait pour lequel la dite condamnation aura été faite, et ensuite dira son advis sur ce qu'il aura proposé, demandera celui de son collègue, puis des autres maîtres l'un après l'autre, commençant par le plus ancien et sera la résolution prise et rédigée à la pluralité des voix à laquelle tous soubscriront, ceux qui auront encouru l'amende ne seront point receus, à dire leur dires en aucune assemblée qu'ils n'aient satisfait à la dite amende, et pour le regart des aspirants à la maîtrise, seront obligés de tenir leur boutique fermée pendant leur réception, so't qu'ils en ayent une ou en qualité de fils de maître, ou pour les priviléges des veuves qui auront droit conformément aux statuts de faire tenir leur boutique jusqu'à ce qu'elles les ayent vendues, car dès lors la boutique n'estant plus à elle, celuy qui l'aura acheptée ne pourra l'ouvrir que premier, il n'ait esté admis à la maistrise, ensuite le dit aspirant ayant communiqué aux maistres regardes la requeste qu'il aura présentée à M. le lieutenant général, les conclusions de Messieurs les gens du roy, son contrat d'apprentissage, inquisition de bonne vie et mœurs, ils luy donneront jour au plus tost pour l'examen sommaire, auquel iour si l'un des regardes est absent, l'autre s'assistera d'un des autres maîtres, tel que bon luy semblera, auquel ayant satisfait, ils luy donneront iour pour l'examen dans huiet ou quinze iours au plus tard, et se chargera des billets pour rendre à chaque maistre pour les prier d'y assister, auquel ayant satisfait luy sera donné deux chefs d'œuvre au choix des dits maîtres, et avant que de les faire, satisfaira le dit aspirant au droit de la boéte et au mesme temps a esté présenté à l'assemblée, Jean Texandier, aspirant, pour subir l'examen en présence de Messieurs Benjamin Maichin et Honoré Tillaud, docteurs en médecine, lequel après avoir suffisamment répondu aux questions qui luy ont esté faites par les dits maîtres ont esté donné pour chef-d'œuvres *le Diaphoenic* et *l'emplastre ad herniam*, qu'il sera tenu 'e composer en présence des dits sieurs médecins et de tous les maîtres qui seront pour cela assemblés esdits jours. En foy de quoy, ils ont tous signé au huictiesme et neufviesme du moy de janvier prochain.

Signé : Maichin, Tilliaud, Debord, Brun, C. Prunier, Brochard, Marchant, Rochier, regarde, Cardailhac, regarde et garde registre.

Et advenant le 8me janvier 1670, après midy, tous les maîtres apoticaires de la dicte ville assemblés en la maison du dit Cardailhac, où pour certaines raisons, ils ont transféré leur assemblée de la maison du dit Rocher, où ils avaient été cités et convoqués par les billets des dits Rocher et Cardailhac, en datte du 6me du présent mois et an, et en présence de M. Benjamin Maichin, docteur en médecine, s'y estant trouvé seul pour n'avoir peu estre assisté d'autre à cause de leur absence de la ville, s'est présenté le dit Texandier avec la dispensation du Diaphoenic sur laquelle ayant été interrogé par tous les dits maîtres, à la réserve de Jean Marchand qui n'a pu s'y trouver en ayant esté empesché par maladie, dont il a donné advis à l'assemblée qui a receu son excuse comme de raison. Il a procédé au meslange et confection de la dite composition et s'en est acquité au gré du dit sieur Maichin et des dits maîtres apoticaires, dont ils ont consenty le présent acte qu'ils ont signé et l'ont remis à demain pour faire en leur présence et à la maison du dit Rocher l'emplastre ad herniam pour son second chef-d'œuvre.

Signé : Maichin, Debord, Brochard, Brun, C. Prunier, Chaignaud, Rochier, Cardaill.ac, garde registre.

Et advenant le 9me desdits mois et an, après midy, tous les dits maîtres soussignés, assemblés en la maison du dit Rocher, suivant la convocation verbale qui en fut faite en l'assemblée d'hier et en présence de Monsieur Beniamen Maichin, docteur en médecine, qui s'y est trouvé de médecin, les autres estant absents de la dite ville, s'est présenté Jean Texandier avec la dispensation de l'emplastre ad hernian dont les drogues ayant été veues et approuvées par le dit sieur Maichin et tous les maitres du dit corps, sauf de Jean Marchant qui n'y a peu assister pour la mesme raison d'hier, il a procédé au meslange du dit emplastre dont s'estant acquité de leur gré, ils l'ont receu et admis à leur corps, inscript son nom dans la matricule des autres maitres, consenty qu'il ouvre sa boutique et exerce en la dite ville et ressort l'art et mestier d'apotiquaire, après avoir promis et juré de l'exercer fidèlement, de garder, observer de point en point les statuts et privilèges et ce qui a esté cy devant arrestez par les dits maitres. En foy de quoy, ils ont tous signé et ont consenty tous les maistres que les dits regardes fasse imprimer les dits statuts.

Signé : Maichin, Debord, Brochard, Brun, C. Prunier, Chaigneault, Cardailhac, garde registre, Rochier, Texandier.

Aujourd'huy vingt-huit juin mil sept cent quarante-cinq, nous soussigné, maitres apoticaires de cette ville de Saint-Jean d'Angeli, estant assemblés dans la maison de Texier Rigault, sindic et garde de la communauté des autres mètres, en conséquance des exortasions que nous fit hier Monsieur de Bonnejean, lieutenant général et subdélégué de Monseigneur l'intendant, conformément aux ordres qu'il a reçus de mon dit seigneur, par lequel requiert que nous allions prêter notre secours à Messieurs les apoticaires de Rochefort, pour le traitement d'une grande cantité de soldats et autres personnes d'équipages de vesseaux, maladez du scorbut. A quoy, inclinant par l'obéissance dûe à nos susdits supérieurs avons convenu que nous détacherons un d'entre nous pour y aller et y rester l'espace d'un mois lequel sera Henry Saint-Supéri, qui de son bon gré et volonté a accepté pour luy ceul faire pour nous tous à cet égard. Nous étant réciproquement engagé de faire et agir pour luy pandens son absence en faveur des maladent qui pourront luy survenir en ville. En foy de quoy nous avons signé le présent acte le jour et an que dessus pour le tout tenir ferme et setable à peine de tous dépents, domages et intérest.

Signé : P. Rocher, Sainsupéry, Texier, Rigault, sindic et garde.

L'an mil sept cent cinquante-trois et le vingt-huit octobre, sur les sept heures du soir, se sont assemblés Messieurs les médecins chez le sieur Ranson, leur doyen, avec le corps des maîtres apoticaires, tous de cette ville de Saint-Jean d'Angély, pour dellibérer ensembles sur les moyens les plus convenables à prendre ; pour faire rentrer les chirurgiens dans les bornes de leur état, et leur faire observer les loix et les réglements establis pour la sûreté des malades, l'intérêt public et du nôtre propre, il a été arrêté pour y parvenir que comme les sieurs médecins ont déjà formé action contre les dits chirurgiens, que chacun des deux corps des médecins et apoticaires agiroient de concert, tant pour leur faire défendre le traitement des maladies internes que l'administration des remèdes qui entrent au corps humain. En conséquence les dits maîtres apoticaires se sont engagé d'intervenir au procès ou de faire dans leur particulier les démarrches auxquelles ils sont autorisés par leurs statuts, ainsi qu'il sera jugé à propos par les avocats, et aussitôt qu'il sera jugé être de l'intérêt commun et afin d'assurer l'effet de leurs délibérations signées de toutes parties délibérantes et données ici par extraits, les dits sieurs tant médecins qu'apoticaires s'obligent de poursuivre le dit procès pardevant toutes les cours ou il pourroit être porté et de fournir aux frais tels qu'ils puissent être jusqu'à décision définitive du dit procès. Et pour fournir à une partie des dits frais, chacun des dits sieurs soussignés a fait l'avance de la somme de vingt-cinq livres pour demeurer consignées entre les mains du sieur de Fiefjoyeux, avocat, et se sont soumis aussi à faire l'avance de plus grande somme dans le tems ou on le jugera nécessaire, si besoin y est. Fait double pour demeurer entre les mains du doyen des médecins et du sindic garde des apoticaires. Ainsi signé : R. Ranson, médecin, Marchant, Mestadier, composant le corps des médecins et Texier, Sainsupery, Louis Guiot, composant le corps des apoticaires.

Aujourd'huy, sept mars mil sept cens quatre-vingt-neuf. après midy, la communauté assamblée pour la nomination d'un député à l'assemblée générale de la ville, y avons nommé le sieur Pougaudin, conformément au procès-verbal qui nous a été communiqué, la dite députation ayant pour objet la nomination d'un député aux Etats-Généraux.

Signé : Guyot, Titard, Pougaudin, Ladmiral.

(La formule des procès-verbaux de réception des maîtres apothicaires contenus dans le registre ne diffèrent guère que par les épreuves imposées aux postulants, l'auteur s'est borné à copier et compléter la matricule en faisant écrire chaque nom du chef-d'œuvre par lui confectionné.)

Matricule des maistres apotiquaires de la ville et ressort de Saint Jean d'Angély en exercice en 1603, selon l'ordre de leur réception et le lieu de leur demeure.

Daniel Debord, Saint-Jean d'Angély, date de réception omise.

André Brochard, id., id.

Samuel Brun, id., id.

Jean Rocher, id., id.

Charles Prunier, id., id.

Jean Cardailhac, id., id.

Jean Marchant, id., id.

Jean Marchant, Saint-Savinien, (deuxième du nom).

Izaac Ranconneau, Beauvais-sur-Matha, date omise.

Mathias Chesneau, Taillebourg, id.

Samuel Bourrely, Saint-Savinien, id.

1679. Jean Texandier, Saint-Jean d'Angély. Chef-d'œuvre : Le diaphoënic [1]. L'emplastre ad herniam [2].

1680. Gabriel Bollon, Saint-Jean d'Angély. Chef-d'œuvre : La bénédicte laxative [3]. L'onguent apostolorum [4].

1683. Mathieu Guillaume, Thonnay-Boutonne. Chef-d'œuvre : La poudre arthrétique [5].

1683. François François Cardailhac, Matha. Chef-d'œuvre : La poudre diasainée [6]. Confection du catholiconfin [7].

1683. Pierre Beguet, Matha. Chef-d'œuvre : Préparation des penides [8]. Confection du catholiconfin [9].

1684. Charles Rochier, Saint-Jean d'Angély. Chef-d'œuvre : Poudre de diatrinsantalli [10].

1690. Pierre Cardailhac, Saint-Jean d'Angély. Chef-d'œuvre : La Thériaque [11].

1692. Louis Guillonnet, Saint-Jean d'Angély. Chef-d'œuvre : Poudre de diasennée de Martin Rulan. Onguent blanc de Vasie [12].

1701. François Roquet, Saint-Jean d'Angély. Chef-d'œuvre : Conserves d'Althea. Sucre d'orge.

1719. Nicholas Métreau, Saint-Jean d'Angély. Chef-d'œuvre : Poudre diasenné.

1721. Pierre Rochier, Saint-Jean d'Angély. Chef-d'œuvre : Poudre diasenné.

---

1. Electuarium diaphœnicum. Lemert, *Pharmacopée Universelle*, Paris, 1698, 1 vol. in-f°.

2. Emplastrum ad herniam, le même.

3. Benedicta laxativa emendata, le même.

4. Unguentum apostolorum seu dodecacapharmacum, le même.

5. Pulvis arthritica.

6. Pulvis diasennœ.

7. Catholicum implex.

8. Penides ?!

9. Déjà cité.

10. Pulvis diatrion santalorum.

11. Theriaca.

12. Unguentum album, seu de cerusa.

1730. Pierre Cardailhac, Saint-Jean d'Angély. Chef-d'œuvre : L'électuaire solide de diarchatrie [1].

1730. François Rigault-Texier, Saint-Jean d'Angély. Chef-d'œuvre : Onguent apostolorum.

1712. Henry Sainsupéry, Saint-Jean d'Angély. Chef-d'œuvre : L'électuaire. L'opiatte Salomon [2]. Le diaphonétie minéral [3].

1753. Louis Guiol, Saint-Jean d'Angély. Chef-d'œuvre non mentionné.

1778. Pongaudin, Saint-Jean d'Angély. Chef-d'œuvre non mentionné.

1784. Henri Réjoux. Rochefort et agrégé pour Saint-Jean d'Angély. Chef-d'œuvre non mentionné.

1784. Paul Guyot ou Guiol, Saint-Jean d'Angély. Chef-d'œuvre : Poudre cornachine [4].

1786. Ladmiral, Saint-Jean d'Angély. Chef-d'œuvre : Poudre transparente d'Escart. Lesman vitriolique [5].

L'an III. André Giraud, Saint-Jean d'Angély. Chef-d'œuvre : Alcali volatil. Poudre tempérante de Stal.

L'an XI. Pierre Chapparre, Saintes. Chef-d'œuvre : Pierre infernale. Poudre de Tritus [6].

---

1. Electuarium diacarthami.
2. Opiata Salomonis.
3. Electuarium diaphœnicum.
4. Pulvis cornachinis.
5. Lesman vitriolique, peut-être vitriolum veneris, cuivre dissous et cristallisé d'après Lemert, et probablement le sulphate de cuivre.
6. Pulvis de Tritus, du même auteur.

III

1779, 9 janvier. — Statuts des maitres orfèvres de Saint-Jean d'Angély. — Archives de Saint-Jean d'Angély, II. II., 11.

Louis, par la grâce de Dieu, roy de France et de Navarre, au premier huissier de notre cour des monnoyes ou autre huissier ou sergent royal sur ce requis, sçavoir faisons, que vu par notre dite cour la requête présentée par les maîtres orfèvres de la ville de Saint-Jean d'Angély dans le département de la monnoye de La Rochelle, tendante à ce qu'il luy plut de ordonner que l'art et mettier d'orfèvres sera juré en la ville de Saint-Jean d'Angély et ne pourra y être exercé que par des maîtres ayant serment en justice et formant ensemble un corps de jurrande, sans qu'aucun autre que les maîtres orfèvres ou leurs veuves puisse travailler ou faire le commerce d'orfévrerie dans l'étendue de la dite jurrande, et que le nombre des maîtres orfèvres de la dite ville demeurera fixé à quatre, à charge par iceux de garder et d'observer les statuts et réglements qu'il plaira à notre dite cour de leur accorder. La dite requête signée Sicard, procureur : Conclusions de notre procureur général : Oui le rapport de messire Jacques Germain, Edme Martineau de Soleine, conseiller à ce commis, tout considéré notre dite cour sous notre bon plaisir. Et jusqu'à ce qu'il ait été par nous autrement statué, ordonne que conformément aux ordonnances du royaume, à nos édits et déclarations et aux arrêts et réglements de notre dite cour, l'art et métier d'orfèvre sera juré en la ville de Saint-Jean d'Angély et ne pourra y être exercé que par quatre maîtres ayant serment en justice et formant ensemble un corps de jurrande sans qu'aucuns autres que les dits quatre maîtres orfèvres ou leurs veuves puissent travailler ou faire le commerce d'orfévrerie dans la dite ville ; à l'effet de quoy seront observés

dans la communauté des orfèvres de Saint-Jean d'Angély,
les statuts et règlements contenus aux articles qui suivent.

Art. 1.

Sera fait de deux ans en deux ans, à commencer le jour
de la lecture et publication du présent règlement en la mai
son commune des dits orfèvres, qui sera à cet effet établie,
élection d'un maître pour être juré garde du dit mettier,
lequel sera nommé à la pluralité des voix des maîtres orfèvres assemblés, et en cas que les voix se trouvent égalles,
le plus ancien des maîtres nommés sera préferré.

Art. 2.

Les maîtres soumis à la dite jurrande, qui seront mandés
aux assemblées de la part du juré garde seront tenus de se
trouver aux dites assemblées s'il n'y a cause de maladie ou
autres empêchements légitimes dont ils justifieront, le tout
à peine de trois livres d'amende pour chacune absence de
tous les maîtres de la jurrande, et seront les dites amendes
reçues par le juré garde pour être employées aux besoins
de la communauté.

Art. 3.

Le maître qui sera élu juré garde sera tenu aussitôt son
élection faitte et avant d'entrer en exercice de prêter serment devant les conseillers commissaires de notre cour sur
les lieux et à leur deffaut devant les juges gardes de la monnoie de La Rochelle.

Art. 4.

Le juré garde aura des poinçons particuliers pour contre-
marquer les ouvrages qui luy seront apportés par les maîtres et veuves de maîtres, soumis à la jurrande et un autre
poinçon portant pour empreinte les lettres E. F., pour

marquer les ouvrages venant de l'étranger, après que 'es dits ouvrages auront été essayés et trouvés au titre prescrit par les ordonnances, lesquels poinçons de contremarque seront insculpés au greffe de la monnoie de La Rochelle, et à chaque mutation de juré les dits poinçons seront changés suivant l'ordre des lettres de l'alphabet et insculpés sur la table de cuivre étant au greffe de la dite monnoye, et le nom du nouveau juré gravé à côté, lequel nouveau juré sera tenu de représenter les poinçons de contremarque du juré qui l'aura précédé, pour être difformés, vérification d'iceux et insculpation dans l'état où ils se trouveront sur la planche de cuivre à ce destinée, à la suite de la première insculpation des dits poinçons préalablement faitte, afin que chaque juré puisse répondre des ouvrages qu'il aura contremarqué pendant sa jurrande.

Art. 5.

Le juré garde élu sera tenu lors de l'insculpation de ses poinçons de contremarque de déposer au greffe de la monnoye de La Rochelle, une liste de luy signée et certifiée, contenant les noms, surnoms et demeure estant des maîtres orfèvres soumis à la jurrande de la ville de Saint-Jean d'Angély que veuves de maîtres qui tiendront boutique ouverte dans l'étendue de la dite jurrande.

Art. 6.

Le juré garde orfèvre de la dite ville de Saint-Jean d'Angély fera cotter et parapher par les juges gardes de la monnoye de La Rochelle quatre registres qui luy serviront ainsy qu'à ces successeurs en la dite jurrande, et lorsque les dits registres seront entièrement remplis, iceux seront renouvellés, collés et paraphés de même par les dits officiers de la monnoye de La Rochelle qui seront tenus de le faire sans frais, le premier desquels registres servira à transcrire sur iceluy les élections des jurés, les réceptions des maîtres

orfèvres, les délibérations de la communauté et les enregistrements qui seront ordonnés par notre cour et par les juges
de la monnoye de La Rochelle ; le second registre servira
à enregistrer sur iceluy les brevets d'apprentissage et tout
ce qui pourra concerner les apprentifs ; le troisième contiendra le détail des essays qui seront faits dans le bureau
de la jurrande, et le quatrième servira à enregistrer les
différentes visites du juré, soit chez les maîtres ou veuves
de maîtres soumis à la jurrande, soit chez les autres marchands et fabriquants d'or et d'argent dans l'étendue de la
dite jurrande, tous lesquels registres seront remplis de
suitte sans aucuns blancs ny interlignes, et la représenta-
tion d'iceux sera faitte par le juré garde en charge tant aux
commissaires de notre dite cour, qu'aux officiers de la
monnoye de la Rochelle toutes fois et quant ils le requer-
ront.

Art. 7.

Le juré garde pendant le tems de son exercice aura à sa
disposition la clef du coffre de la communauté dans lequel
seront renfermés les poinçons de contremarque, la table de
cuivre sur laquelle seront empreints les poinçons des maîtres de la dite communauté, les étalons des marcs, les deniers de la communauté et les registres sus expliqués concernant la dite communauté.

Art. 8.

Le juré garde en charge tiendra bureau pendant le temps
de sa jurrande tous les jeudis de chaque semaine depuis
deux heures de relevée jusqu'à cinq heures du soir et fera
essay à la coupelle de tous les ouvrages qui luy seront
apportés par les maîtres et autres sujets de la jurrande, en
se conformant aux lettres pattentes sur arrêt du conseil des
cinq décembre mil sept cent soixante-trois et dix-neuf mars
mil sept cent soixante-quatre, enregistrés en notre cour les

neuf mars et sept avril au dit an mil sept cent soixante-qua
tre, lesquels ouvrages, lorsqu'ils se trouveront au titre
prescrit, seront par luy marqués du poinçon de contremarque tant aux corps qu'aux pièces d'appliques, le tout en
lieux apparents, et le plus près que faire se pourra du poinçon du maître, et lorsque les dits ouvrages ne se trouveront
point au titre, iceux seront par luy rompus, et sera tenu le
dit juré garde d'insérer sur le registre à ce destiné tous les
ouvrages qui seront par luy essayés, la qualité et le poids
de l'ouvrage, le titre auquel il l'aura trouvé et le nom du
maître qui aura appliqué son poinçon sur le dit ouvrage.

Art. 9.

Le juré garde en exercice sera tenu au moins une fois le
mois, à jour et heure non prévus, et plus souvent si besoin
est, de visiter tous les maîtres et veuves de maîtres soumis
à la jurrande, vérifiera les poids dont ils se servent qui doivent être de huit onces au marc, examinera s'ils observent
les ordonnances et règlements, se fera représenter les poinçons des dits maîtres et veuves, saisira et emportera tout
ce qui se trouvera en contravention, ou qui luy paraîtra sus-
pect, sur lesquels ouvrages défectueux ou suspects il fera
de nouveau appliquer le poinçon du maître ou de la veuve
et dressera un procès-verbal de saisie, lequel sera signé de
luy et de la partie saisie, si elle n'en fait refus, et en cas de
refus, soit d'appliquer son poinçon sur les ouvrages suspects, ou de signer, sera fait mention du dit refus dans le
procès-verbal de saisie, duquel sera laissé copie, et ou par
l'examen que le juré fera au bureau de sa communauté des
ouvrages par luy saisis, et que par l'événement de l'essay
ils se trouvent au titre, il les rendra à la partie saisie, s'il
n'y a pas d'autre cause de la saisie ; mais ou les dits ouvrages se trouveroient en contravention, il en dressera procès
verbal qu'il enverra ainsi que les objets saisis et les procès-
verbaux qu'il en aura dressé, ou les portera au plus tard dans

la huitaine au greffe de la monnoye de la Rochelle, pour y être statué ainsy qu'il appartiendra ; pourra aussy le dit juré garde se transporter dans l'étendue de la jurrande chez tous les marchands et ouvriers qui sans droit ny qualité fabriquent et font commerce d'ouvrages d'or et d'argent, en se faisant néanmoins assister d'un officier de justice qui dressera sur le lieu procès-verbal des contraventions qui auront été découvertes, ensemble de l'enlèvement des ouvrages, duquel procès-verbal qui contiendra le poids, la qualité des chozes saisies et la cause de la saisie, sera donné coppie et dans tous les cas seront les ouvrages saisis et les procès-verbaux portés au plus tard dans huitaine au greffe de la monnoye de la Rochelle pour être statué sur les dites saisies.

Art. 10.

Aucun ne sera reçu apprentif du dit mettier d'orfèvre, soit fils de maître ou autres, au-dessous de l'âge de dix ans et au-dessus de seize ans, à l'effet de quoy les extraits baptistaires de ces apprentifs seront représentés et annexés à la minute de leur brevet d'apprentissage. Lesquels brevets seront passés par acte devant notaire, pour le temps de huit années entières et consécutives, à peine contre les maîtres des dommages et intérêts envers les apprentifs ; seront tenus les maîtres qui voudront prendre leurs fils en apprentissage d'observer les mêmes formalités.

Art. 11.

Les brevets d'apprentissage passés en la forme susdite seront portés par les maîtres au bureau de la communauté trois jours après leur passation, pour être iceux enregistrés par le juré garde sur le registre tenu à cet effet, et quinzaine après, les mêmes brevets d'apprentissage seront portés au greffe de la monnoye de la Rochelle pour y être pareillement enregistrés, desquels enregistrements mention sera faitte sur les dits brevets, le tout à peine contre les maîtres de dommages-intérêts envers les apprentifs, et sera payé au juré garde pour son droit d'enregistrement au bureau trois livres pour le brevet d'un fils de maître orfévre, et six livres pour celuy d'un autre apprentif.

Art. 12.

S'il arrive qu'un apprentif quitte le service de son maître avant l'expiration des huit années de son apprentissage, le maître sera tenu de rapporter au bureau le brevet d'apprentissage et de les remettre au juré garde auquel il déclarera le jour que l'apprentif l'aura quitté, pour en être fait mention sur le registre à ce destiné, après quoy le dit maître pourra prendre un autre apprentif si bon luy semble.

Art. 13.

Si l'apprentif après avoir quitté le service de son maître revient à luy pour finir son tems, le maître sera tenu de le recevoir et de le déclarer au juré qui en fera mention sur les registres, au cas que le dit maître n'ait pas pris un autre apprentif, et s'il en a pris un, l'apprentif qui aura quitté, pourra entrer chez un autre maître avec lequel il s'obligera de nouveau par un acte devant notaires pour le temps qui restera à achever de ses huit années à compter du jour qu'il aura quitté son premier maître, lequel nouveau brevet sera sujet aux mêmes formalités que celles cy-dessus prescrites et sous les mêmes peines.

Art. 14.

L'apprentif dont le maître viendra à décéder avant la révolution des huit années de son apprentissage sera tenu de se retirer devers le juré garde pour être par luy pourvu à ce que le dit apprentif puisse achever le temps de son apprentissage en la forme sus dite, et il en sera usé de même pour les apprentifs dont les maîtres quitteront boutiques, de quoy sera fait mention par le juré garde sur le registre tenu à cet effet.

Art. 15.

Les maîtres orfèvres sous quelque prétexte que ce soit, ne pourront agréer plus d'un apprentif et ceux des dits maîtres qui ne tiendront pas boutiques ouvertes ne pourront en avoir aucun. Et néanmoins les maîtres ayant boutiques auront la faculté de prendre un autre apprentif après l'expiration des six premières années de l'apprentissage de l'autre.

Art. 16.

Les dits maîtres orfèvres ne recevront chez eux aucun apprentif ou compagnon, qu'au préalable ils n'ayent sçu du dernier maître la raison pour laquelle on l'aura quitté, et où il n'y en aurait de justes et raisonnables ne pourront recevoir les dits apprentifs ou compagnons, lesquels seront tenus de retourner au service de leurs derniers maîtres à moins que le juré garde ne décide qu'ils auront eu raison de les quitter ; ne pourront non plus les compagnons qui sortiront de chez leurs maîtres sans causes vallables, entrer chez un autre maître de la jurrande, qu'après l'espace de trois mois, et si ce sont des compagnons étrangers, seront tenus les maîtres de se faire représenter les brevets d'apprentissage des dits compagnons et les certificats des maîtres chez qui ils auront travaillé.

Art. 17.

Les compagnons orfèvres ne pourront travailler à la pièce et travailleront au mois ou à la journée chez un maître de la jurrande tenant boutique ouverte, ne pourront non plus travailler dans leurs chambres ny ailleurs que chez les maîtres, ny faire aucun commerce d'orfévrerie pour leur compte particulier directement ni indirectement sous les peines portées par les ordonnances.

Art. 18.

Après l'apprentissage bien et duement fait, comme dit est, le brevet d'apprentissage quittancé et le certificat du maître par acte devant notaires en minutte, comme le dit apprentif s'est comporté avec probité, l'aspirant à la maîtrise pourra présenter sa requête aux commissaires de notre cour, s'il s'en trouve sur les lieux et à leur défaut au juge garde de la monnoye de la Rochelle pour être reçu maître lorsqu'il y aura une place vaccante du nombre des quatre maîtres fixés dans la communauté des orfèvres de Saint-Jean d'Angély.

Art. 19.

L'aspirant à la maîtrise avec son extrait baptistaire et les pièces énoncées en l'article 18 cy-dessus s'il sçait lire et écrire sera reçu en pour la place vacante après qu'il aura fait chef-d'œuvre et qu'il aura été examiné sur le titre et l'alliage des matières et autres choses concernant la profession d'orfèvre et avoir été trouvé suffisant et capable.

Art. 20.

Le nouveau maître lors de sa réception donnera caution de dix marcs d'argent évallués à cinq cents livres et sera la dite caution reçue avec le substitut de notre procureur général en la monnoye de la Rochelle, lequel ne pourra discuter la caution.

Art. 21.

Les fils de maîtres orfèvres et les apprentifs de la ville de Saint-Jean d'Angély aspirants à la maîtrise seront reçus concurremment et alternativement les uns après les autres. en commençant par les fils de maîtres, et ne pourront les apprentifs étrangers être admis à la maîtrise dans la dite jurrande qu'à deffaut de fils de maîtres et d'apprentifs de même jurrande en état d'aspirer à la maîtrise.

Art. 22.

Les aspirants à la maîtrise payeront à la communauté entre les mains du juré garde, pour tous droits, festins et autres frais de réception lors de l'insculpation de leurs poinçons au bureau, sçavoir : les fils de maîtres orfèvres de la ville de Saint-Jean d'Angély, la somme de cent livres, les apprentifs de la ville qui ne seront pas fils de maîtres, cent cinquante livres, et les apprentifs étrangers, deux cent livres, lesquelles sommes seront mises entre les mains du juré garde en fonctions qui s'en chargera pour les employer aux besoins de la comunnauté et en compter à la fin de sa jurrande ; sera néanmoins fait déduction aux apprentifs tant de la ville qu'étrangers, du tiers des sommes cy-dessus énoncées qu'ils doivent payer, en cas qu'ils épousent une veuve ou fille de maître, et payeront en outre les uns et les autres au juré garde en charge la somme de huit livres pour ses honoraires.

Art. 23.

Chaque aspirant lors de sa réception présentera aux commissaires de notre cour, ou aux juges gardes de la monnoye de la Rochelle, les poinçons dont il voudra se servir pour marquer ses ouvrages d'or et d'argent, les quels poinçons seront insculpé tant sur la table de cuivre du greffe de la monnoye de la Rochelle, que sur celle étant au bureau de la communauté des orfèvres de Saint-Jean d'Angély sur lesquelles le nom du maître sera gravé à côté des dites insculpations ainsy que la date de la réception. Et ne pourra le dit nouveau maître se servir de ses poinçons qu'après l'insculpation d'iceux faille aux bureaux de la communauté et lorsqu'il aura boutique ouverte.

Art. 24.

Seront tenus les maîtres orfèvres de la dite jurrande de Saint-Jean d'Angély de marquer de leurs poinçons en lieux apparents les ouvrages d'or et d'argent qu'ils fabriqueront tant aux pièces principalles que d'appliques qui pourront sans difformations suporter la dite marque et ce avant de monter leurs ouvrages et de les mettre en état d'être vendus, et s'il arrivait que leurs poinçons viennent à s'égrainer ou à s'effacer, ils seront tenus de les rapporter au greffe de la monnoye de la Rochelle pour être difformés, vérification et insculpation dans l'état où ils se trouvent sur la table de cuivre à ce destinée, ensuite de la première insculpation préalablement faite d'iceux et d'en faire insculper d'autres dans la forme cy dessus prescrite.

Art. 25.

Seront pareillement tenus les dits maîtres orfèvres de la jurrande de Saint-Jean d'Angély avant la perfection et assemblage de leurs ouvrages d'or et d'argent, et après qu'iceux seront marqués de leurs poinçons de les porter au burreau de la communauté pour être essayés par le juré garde et par luy marqués du poinçon de contremarque à ce destiné, si les dits ouvrages sont trouvés au titre prescrit, et lorsqu'il y en aura de diverses fontes, iceux seront distingués par les dits maîtres orfèvres qui les mettront dans différents sacs ou paquets leur faisant deffences dans ce cas de porter leurs dits ouvrages confusément à la contremarques sous les peines de droit.

Art. 26.

Ne pourront les dits maîtres orfèvres emporter leurs poinçons hors du lieu de leur résidence ny s'en servir que lorsqu'ils auront boutique ouverte, ne pourront pareillement prêter ny louer leurs dits poinçons à qui que ce soit à peine d'interdiction et de déchéance de maîtrise, demeureront en outre les dits maîtres orfèvres garands de tous les ouvrages qui se trouveront marqués de leurs poinçons.

Art. 27.

Les maîtres orfèvres de la jurrande de Saint-Jean d'Angély qui feront de longues absenses ou qui cesseront de tenir boutique ouverte, seront tenus de remettre leurs poinçons au juré garde pour être les dits poinçons par luy cachettés et gardés dans le coffre de la communauté, jusqu'au retour des dits maîtres orfèvres ou jusqu'à ce qu'ils aient repris boutique ouverte ; seront vaccantes et impetcables les places des maîtres orfèvres qui ne tiendront pas boutique ouverte ou qui seront absents, sçavoir à l'égard de ceux qui n'auront pas remis leur poinçon au bureau de la communauté après qu'il y aura une année de révolue, et par rapport à ceux qui auront remis leurs poinçons trois années après avoir cessé de tenir boutique ouverte, sauf néanmoins aux dits maîtres orfèvres de reprendre leur profession s'ils se trouvent en état. et lorsqu'il viendra à vacquer des places dans la dite communauté, lesquelles ils pourront requérir en justifiant au juré en charge qu'ils sont sur le point d'ouvrir boutique, à l'effet de quoy le juré en charge sera tenu de remettre les poinçons à ceux qui les auront déposés conformément à l'arrêt de notre cour du douze décembre mil sept cent soixante-sept.

Art. 28.

Arrivant le décès d'un maître orfèvre, ses poinçons seront pareillement remis par sa veuve ou ses hérittiers au juré garde en charge en quinze jours après le décès du dit maître pour être les dits poinçons cachettés et rapportés au greffe de la monnoye de la Rochelle lors de la prestation de serment du nouveau juré garde, à l'effet d'être les dits poinçons difformés, vérification et insculpation dans l'état où ils se trouvent sur la planche de cuivre à ce destinée préalablement faite d'iceux.

Art. 29.

Pourront néanmoins, les veuves de maîtres orfèvres continuer le commerce d'orfèvrerie tant qu'elles resteront en viduité, auquel cas elles seront tenues de se pourvoir devant les officiers de la monnoye de la Rochelle pour avoir des poinçons qui seront insculpés comme ceux des maîtres, ainsy qu'il est cy-dessus expliqué.

Art. 30.

Les maîtres orfèvres ou veuves de maîtres ne pourront fondre, travailler ny faire travailler du mettier d'orfèvre en aucuns lieux ou endroits retirés, écartés ou privilégiés, ny ailleurs qu'en boutique ouverte sur le devant desquelles boutiques, en vue et sur rue, à six pieds en dedans de leurs dites boutiques, leurs forges et fourneaux seront scellés, leur faisant deffense de travailler les jours de fêtes et de dimanches, et ne pourront travailler les autres jours qu'aux heures prescrites par les règlements.

Art. 31.

Tous les dits maîtres orfèvres et veuves de maîtres travailleront l'or au titre de vingt-deux karats au remède d'un quart de karat, à l'exception néanmoins des mêmes ouvrages d'or comme croix, étuits, tabatières, boucles, boutons, boettes de montres et autres ouvrages sujets à soudures, lesquels ils pourront travailler à vingt karatz un quart, au remède d'un quart de karatz conformément à l'article six de la déclaration du vingt-trois novembre mil sept cent vingt-un. Et travailleront tous les ouvrages d'argent au titre de onze deniers douze grains, au remède de deux grains, en conséquence, ne pourra le juré garde appliquer le poinçon de contremarque sur les ouvrages qui seront à un titre plus bas à peine d'en répondre en son nom.

Art. 32.

Les maîtres orfèvres et les veuves auront dans leurs boutiques en lieux apparents un tableau du prix d'un marc d'or et d'argent, contenant ces diminutions par once, gros, deniers et grains, sur le pied des tarifs arrêtés en notre dite cour, et ne pourront acheter ny vendre l'or et l'argent à plus haut prix que celuy porté au dit tableau, à l'effet de quoy s'ils en sont requis, ils donneront aux acheteurs un bordereau écrit et signé d'eux, ou sera marqué le poids de l'ouvrage, le prix de la matière et la façon séparément.

Art. 33.

Auront aussy chacun un registre cotté et paraphé par un commissaire de notre cour, ou par l'un des juges gardes de la monnoye de la Rochelle, dans lequel registre ils inscriront exactement, jour par jour, ce qui sera par eux vendu et achetté, les noms, qualités et domiciles de ceux à qui ils auront vendu, et de qui ils auront achetté, ainsy que le prix qui en aura été payé, en distinguant toujours celuy de la matière d'avec celuy des façons.

Art. 34.

Auront encore les uns et les autres dans leurs boutiques de bonnes et justes ballances et des poids de marc ajustés et étallonnés sur le poids original de notre cour, ou sur celuy étant au greffe de la monnoye de la Rochelle.

Art. 35.

Ne pourront les dits maîtres orfèvres et veuves de maîtres acheter aucuns ouvrages d'orfévrerie servant à l'église ny aucuns autres ouvrages portant armoiries ou marques, autrement que des personnes connues et en état de donner bonne et vallable caution des dits ouvrages apportés à vendre, à défaut de quoy seront tenus d'arrêter les dits ouvrages et ceux qui les auront apportés, si faire se peut, à peine de demeurer garands des mêmes ouvrages en leurs propres et privés noms envers les propriétaires d'iceux.

Art. 36.

Ne pourront en aucune manière et sous quelque prétexte que ce soit, faire le change ny avoir association en façon quelconque avec les changeurs, maitres ou directeurs en monnoye, ny acheter d'eux aucunes vaisselles ou matières d'or et d'argent sous peine d'amende.

Art. 37.

Ne pourront pareillement les dits maitres et veuves acheter, fondre ny difformer aucunes espèces de monnoyes, tant de France qu'étrangères décriées ou ayant cours, sous les peines portées par les ordonnances.

Art. 38.

Les merciers, jouailliers et autres marchands et artisants n'étant point orfèvres, continueront à vendre des vaisselles et ouvrages d'orfévrerie venant des pays étrangers, à la charge de faire leur déclaration et de la justifier par l'acquit des droits dûe sur les dits ouvrages, en portant lesdites vaisselles et ouvrages aussitôt après leur arrivée au bureau de la jurrande des orfèvres de Saint-Jean d'Angély. pour être marqués du poinçon particulier E. F. Les dits ouvrages d'or étrangers ne seront marqués qu'après l'essay qui sera fait au touchau, au cas qu'ils se trouvent au titre de dix-huit karats, à l'exception des menus ouvrages d'or pezant moins d'un gros qui seront marqués du poinçon du toucheau, s'ils se trouvent au titre de dix-sept karats, sur la simple déclaration des propriétaires que ces ouvrages viennent de l'étranger sans être tenus de représenter les acquits conformément aux arrêts de notre cour des quatre décembre mil sept cent quarante-huit, sept mars mil sept cent quarante-neuf, vingt-trois mars mil sept cent soixante-huit, et articles premier, deux et trois de notre déclaration du neuf septembre mil sept cent soixante-neuf, registrée en notre cour le vingt-quatre janvier mil sept cent soixante-dix.

Art. 39.

Les horlogers fourbisseurs et graveurs de la dite ville de Saint-Jean d'Angély, qui par état peuvent fondre les matières d'or et d'argent pour employer à leurs ouvrages, seront tenus d'envoyer les dits ouvrages au bureau des maîtres orfèvres de la dite ville de Saint-Jean d'Angély avant la perfection d'iceux à l'effet d'être essayés et contremarqués par le juré, s'ils sont trouvés au titre et rompus s'ils ne s'y trouvent pas, le tout ainsy qu'il est prescrit par les orfèvres.

Art. 40

Le juré garde demande que tous les maîtres, veuves, compagnons et apprentifs de la jurrande des orfèvres de la dite ville de Saint-Jean d'Angély seront tenus de se conformer aux dispositions du présent règlement à peine contre chacun des maîtres et veuves de confiscation et d'amendes telles qu'il appartiendra, même d'interdiction et de déchéance de maîtrise, si le cas le requiert et de plus grande peine s'il y échet, et contre les compagnons et apprentifs, de telle amende que de raison, même suivant l'exigence des cas de ne pouvoir parvenir à la maîtrise.

Art. 41.

Toutes les sommes provenantes des réceptions des maîtres ainsy que des amendes et confiscations qui pourroient être prononcées au profit de la communauté seront reçues par le juré garde en charge et mises dans le coffre de la communauté pour être employées aux besoins d'icelle et aux frais nécessaires suivant les délibérations qui en seront prises et en être par luy compté à la fin de son exercice et jurrande, au juré nouvellement élu présent et sous l'approbation de toute la communauté à cet effet assemblée, et que le compte ainsy rendu avec les pièces justificatives seront mis dans le coffre de la communauté avec ses autres titres et papiers, par le nouveau juré garde, à qui la clef du dit coffre et tous les registres y contenus seront remis par le juré sortant d'exercice.

Art. 42.

Toutes les contraventions qui pourront se commettre au présent règlement par les dits maîtres orfèvres, veuves de maîtres, compagnons et apprentifs et généralement par quelque personne que ce soit, en ce qui concerne l'état et mettier d'orfèvre et le commerce des marchandises et ouvrages d'or et d'argent, ensemble tous les procès-verbaux de visites et saisies qui seront faittes par le juré garde orfèvre ou autre pour raison de ce que dessus seront portés en la monnoye de la Rochelle pour y être jugés en première instance ainsy que toutes les contestations qui pourront naître entre tous les dits maîtres et ouvriers pour raison de leur mettier et commerce, sauf l'appel en notre dite cour.

Et sera le présent arrêt et règlement enregistré au greffe de la monnoye de la Rochelle, lu et publié à la diligence du juré garde en charge, en la maison commune des orfèvres de la ville de Saint-Jean d'Angély, en présence de tous les maîtres assemblés à cet effet, pour être observé et exécuté selon sa forme et teneur, et en outre sera signifié à la communauté des orfèvres, à la jurrande de laquelle les dits orfèvres de Saint-Jean d'Angély étoient soumis par la contre-marque de leurs ouvrages d'or et d'argent, avant le présent règlement : Enjoint au substitut de notre procureur général en la dite monnoye de la Rochelle d'y tenir la main et d'en vérifier notre cour, au mois. Sy le mandons mettre le présent arrêt a due, pleine et entière exécution selon sa forme et teneur et de faire pour raison de ce tous actes de justice et exploits requis et nécessaires, de ce faire donnons pouvoir. Donné en notre dite cour des monnoyes le neuvième jour de janvier l'an de grâce mil sept cent soixante dix-neuf et de notre règne le cinquième.

A la suite, on lit : controllé, collationné.

Par la cour des monnoyes, signé : Gillendré.

Scellé le 16 janvier 1770, signé : Ducruet.

Le présent arrêt a été enregistré au greffe de la monnoye de la Rochelle par moi, greffier soussigné, le quinze avril mil sept cent soixante-dix-neuf. Signé : Le Lorrain.

<h1 style="text-align:center">IV</h1>

1786, 26 janvier. — Autorisation de tenir un café à Saint-Jean d'Angély, Demilly, cafetier. — *Original appartenant à M. Dornat.*

A Monsieur le Lieutenant général de police de la ville de Saint-Jean d'Angély.

Supplie humblement Jean-Marie Demilly, habitant de la ditte ville de Saint-Jean d'Angély.

Disant qu'il est retiré depuis peu du régiment de Savoye Carignan et marié en cette ville, où il n'exerce encore aucun état, mais que voulant s'en donner un, ou chercher du moins à gagner sa vie, il a traité avec le nommé Tarascon, caffetier, qui lui cedde sa maison et son état, le suppliant avant de l'exercer, sçait qu'il a besoin d'y être autorisé de votre part, Monsieur, et c'est pour cela qu'il a l'honneur de vous donner la présente requête.

Ce considéré, Monsieur, le suppliant requiert qu'il vous plaise de vos grâces lui permettre de tenir caffé à la place et dans la maison qu'occupait cy-devant le sieur Tarascon sous la soumission qu'il fait de se conformer aux ordonnances de police, à ce conclud et vous ferez justice. Ainsy signé Demilly et Jouanneau, procureur du suppliant.

Soit montré au Procureur du Roy à Saint-Jean d'Angély le vingt-quatre janvier mil sept cent quatre-vingt.

Si signé : de Bonnegens d'Aumont.

Vu la présente requête et l'ordonnance de soit montré, nous disons n'avoir moyen d'empêcher, consentons au contraire à ce que le suppliant soit autorisé à tenir caffé au lieu et place du sieur Tarascon, et au cas qu'il se détermine a avoir un billard, nous requérons qu'il lui soit défendu de laisser jouer des parties qui peuvent déranger les jeunes gens et ruiner des pères de famille, et enjoint de prévenir les officiers de police des abus qui se pourroient conmmettre chez luy à peine d'être interdit, de voir sa maison fermée et de plus grandes peines si le cas y estoit. Requérons en outre que le suppliant ait à prêter le serment en tel cas requis de bien fidellement et en consciance exercer l'état et profession qu'il embrasse, en par lui suivant tous édits, arrêts et réglemens de police qui y sont relatifs. Fait en notre hôtel à Saint-Jean d'Angély, le vingt-six janvier mil sept cent quatre-vingt-six. Ainsy signé : Pelluchon du Breuil, procureur du Roy. En marge est écrit : Taxé deux écus quarts avec paraphe.

Vu de nouveau, la présente requête, ensemble le soit montré au Procureur du Roy et ses conclusions en datte du vingt six janvier présent mois, nous avons permis au dit Demilly de tenir caffé en cette ville au lieu et place du nommé Tarascon, en par lui se soumettant de nous prévenir des abus qui pourroient se commettre chez luy à peine d'être interdit, de voir sa maison fermée, et de plus grande peine si le cas y échoit, en conséquence avons du dit Demilly, icy présent, pris et reçu le serment moyennant lequel il a promis et juré de bien fidellement et en consciance exercer l'état et profession de caffetier, et de se conformer aux édits, arrêts et règlemens de police qui y sont relatifs. Fait en notre hôtel de Saint-Jean d'Angély le trente janvier mil sept cent quatre-vingt-six, ayant à écrire, Jacques Agé, commis ordinaire du greffe. Ainsy signé : de Bonnegens d'Aumont. Et plus bas est écrit : Taxé suivant le règlement passé aux trois sols pour livres à Saint-Jean d'Angély le neuf février mil sept cent quatre-vingt-six, reçu deux livres quatre sols un denier. Signé : Suzane.

Agé, greffier commis.

Collationné.

Scellé à Saint-Jean d'Angély, le 9 février 1786. LL. xxv s. v d. Signé : Suzane.

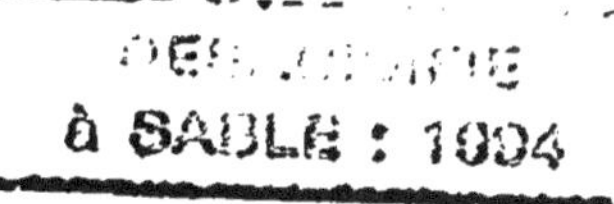